图 说 奥 运

[意] 维鲁斯卡·莫塔　著 ● [意] 卢卡·波利　绘 ● 李静滢　译

中国友谊出版公司

目 录 CONTENTS

导　言 2

奥运会的起源 4

运动员：是英雄还是神祇？ 22

古代奥运会的终结…… 34

提出伟大倡议的人 36

奥运之星 56

冬季奥运会 64

冬天的王者 68

永不放弃：残奥会 72

迎接未来：奥运之旅 76

导　言

　　每隔四年，这样的时刻就会重现：全世界几十亿人同时屏住呼吸，守在电视机前，或者聚在广场上，目不转睛地盯着眼前的大屏幕。他们有时惊叫，有时欢笑，有时甚至会从座位上跳起来，和周围的人拥抱。

　　你肯定会好奇：这些人都在看什么呢？究竟是什么如此扣人心弦，能吸引这么多人一起观看？究竟是什么样的狂喜之情，竟然如此奇异，能在同一时刻席卷所有的人？而这样狂热的情感，又是怎样传遍世界每个角落的呢？

谜底揭晓啦：
这就是奥运会！

　　奥运赛场是每个运动员的梦想殿堂。他们一丝不苟地训练，一天又一天，一年又一年，只为参加这世界上最重要的比赛。走上奥运赛场实在太难了，只有每个国家的顶尖运动员才能获得参加奥运会比赛的资格。

　　只是……成为冠军到底意味着什么呢？

奥运冠军都是挑战极限的人。有些运动员跳得很高、很远，仿佛突破了地心引力的束缚。有些运动员跑得飞快，仿佛双脚都踏在空中不点地一样。有些运动员是游泳健将，在水里可以和鱼比一比谁游得更好；如果真的有美人鱼，恐怕美人鱼在他们面前也要甘拜下风呢！

然而，不仅如此。

奥运冠军还有他们的独特之处。

他们有博大的胸怀、十足的勇气，敢于克服看似无法克服的困难，并最终战胜困难。在他们身上可以看到人性的光辉，为了支持苦苦训练的队友，他们有时会放弃自己夺冠的机会。

奥运会的全称是奥林匹克运动会，这是为期两周的圆梦之旅，比赛项目五花八门。有些运动项目十分普及，就连你都可能不止一次参与其中。有些项目并不常见，却非常有趣。有些项目的比赛时间短到以秒计算，在那决定胜负的瞬间，每个人都会屏住呼吸静待比赛的最终结果。有些项目历时漫长，甚至会持续多日，比分是一场接一场计算的。

这些比赛带来的，是洒向赛场的泪水，是情感的瞬间迸发。

亲爱的读者朋友，你准备好了吗？

让我们一起出发，来探索奥运会的奥秘吧！

奥运会 的起源

第 1 届古代奥运会距离此时已经过去了整整一个世纪，而这一届奥运会给人们带来了新的惊喜——新增了一个名叫"四马战车赛"（Quadriga）的项目，是由四匹马牵引的双轮战车之间的角逐。一些人足够幸运，亲眼看到了参赛的骏马进入竞技场附近的马厩，它们健壮有力，毛皮油亮，迫不及待地用蹄子刨着地面。驯兽师拽着它们的缰绳，生怕它们冲出去……

　　然而，事情并没有就此完结。赫拉克勒斯完成了全部任务后，就决定和兄弟们举办一场跑步比赛。他可真是不知疲倦啊！

　　我们如今能确定的是，第 1 届奥运会是公元前 776 年在奥林匹亚举行的，那里有一座规模相当大的宙斯神庙。若说奥运会起源于希腊半神之间的竞赛，当然会让人浮想联翩，不过现实中更有可能发生的情况是，两位希腊国王达成了举办奥运会的协定。他们厌倦了战争，决定组织一场盛大的体育比赛，以此庆祝和平，并向宙斯致敬。

　　在运动场上你追我赶，总比在战场上杀个你死我活强多了！

在和平中获胜

在古代，人们总是生活在战争的阴影下，这很不幸。不过，一些古希腊城邦决定通过举办奥运会来打破这种局面。这些城邦达成协议，签订了《神圣休战条约》（现在有奥林匹克休战和平活动），在奥运会期间暂时放下彼此的敌意。

正因如此，人们长期以来一直认为，在古代奥运会举办期间，古希腊各地的每名士兵都会放下武器。事实上，所有的运动员、教练和观众，还有来到奥林匹亚的商人，确实都是非常安全的，其他人就不得不处处小心、时时提防了！

这又是为什么呢？

原因很简单：在短暂的
奥运休战期间，国王和政客要在
奥林匹亚会晤、磋商，签约并建立联
盟。然而在奥林匹亚之外的地方，入侵
和对抗并不会停止。

想象一下吧，每隔四年，从7月
底到8月初，成千上万的人都可以去奥
林匹亚参加比赛，丝毫不必担心休战期
间会遭遇"意外伤害"。这多让人一身
轻松啊！

奥运会得到了士兵们郑重其事的对
待——不论是谁，只要胆敢破坏《神圣
休战条约》，都将受到神的惩罚。运动
员们更是全力以赴，他们头脑里只有一
个想法：争第一！

如今颁奖者会为比赛成绩第二名和
第三名的选手颁奖，而在那时，只有第
一名才会获得奖励。

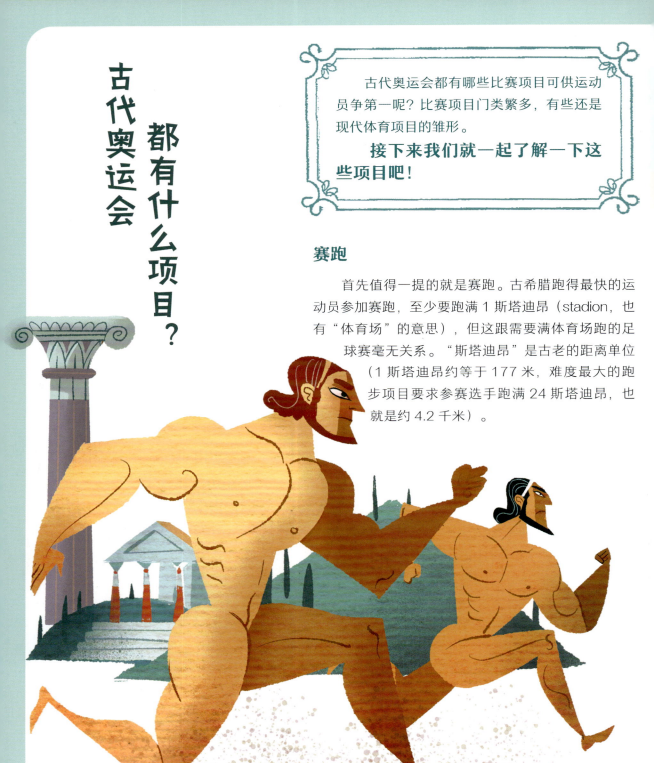

古代奥运会都有什么项目？

古代奥运会都有哪些比赛项目可供运动员争第一呢？比赛项目门类繁多，有些还是现代体育项目的雏形。

接下来我们就一起了解一下这些项目吧！

赛跑

首先值得一提的就是赛跑。古希腊跑得最快的运动员参加赛跑，至少要跑满 1 斯塔迪昂（stadion，也有"体育场"的意思），但这跟需要满体育场跑的足球赛毫无关系。"斯塔迪昂"是古老的距离单位（1 斯塔迪昂约等于 177 米，难度最大的跑步项目要求参赛选手跑满 24 斯塔迪昂，也就是约 4.2 千米）。

火炬接力

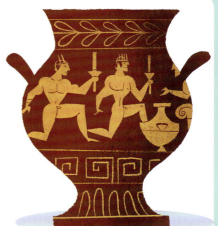

接下来要介绍的是火炬接力，它是现代接力赛的原型。火炬接力的每个参赛队伍由40名成员组成，每名成员都要上场跑82英尺（约25米），手中还要高举着燃烧的火炬。这是不是有些不可思议呢？但当时的接力赛就是这样进行的。如今的接力赛跑只需要4名短跑运动员上场，运动员互相传递的也不是火炬，而是接力棒。这当然更安全，但也没那么精彩了。

重装步兵赛跑

想象一下，每名运动员肩背超过40磅（约18千克）的铁器和动物毛皮，光着脚狂奔，那是多么令人震撼的场景啊！**重装步兵赛跑**相当艰苦，只有身体特别强壮，经过充分赛前训练的运动员，才有可能坚持跑完比赛。

这些超人般的运动员在赛跑时要戴着头盔，身上还要穿着全套铠甲。虽然这种负重奔跑的项目没有进入现代奥运会，但它仍然是现代士兵训练的重要内容之一。

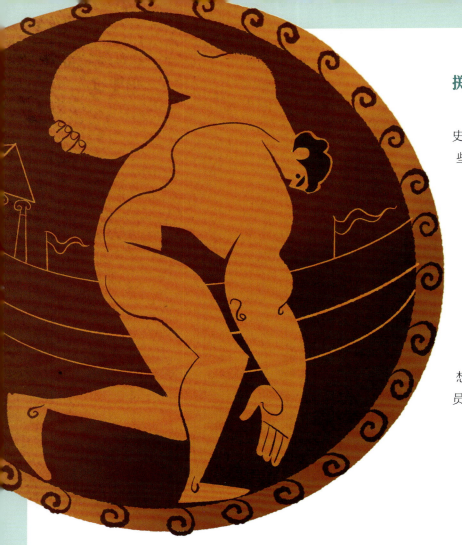

掷铁饼

掷铁饼是一项具有悠久历史的投掷比赛，尽管经历了一些变化，但还是从古代流传到了今天。

考古学家已经发现了各种各样的铁饼，有石头做的、铁做的、铜做的，有些表面平坦，有些则是中间凸起的。最轻的铁饼重约2.2磅（约1千克），但人们也发现了重量超过13磅（约6千克）的铁饼。想一想，掷出这些铁饼的运动员该有多健壮的肌肉啊！

投标枪

古代奥运会上还有一项投掷比赛，那就是投标枪。标枪原本是作战武器，但在奥运会上改变了用途，不再用来攻击敌人，而是用来比试，看谁能把它投得更远。当时的最高纪录达到了49码（大约是45米）。这个成绩可不算差，要知道，那时的标枪是带有金属尖头的木制长矛，金属头是用皮带固定上去的。

跳远

　　有些运动员的比赛方式很特别，他们会把自己"扔"出去。这可不是开玩笑！参加跳远比赛的运动员必须用力跳跃，尽可能跳到最远处。这与现代的跳远运动差不多，只不过古希腊运动员在跳远时手里得拿着两个8.8磅（约4千克）的哑铃。

　　这是对运动员的惩罚吗？当然不是！当时的人们相信，这样做可以增加跳跃的距离（是不是很搞笑呢？我们现在当然知道，这样做是不可能跳得更远的）。

徒手格斗

有些比赛项目格外刺激，徒手格斗在其中就占据了独特地位。

古希腊的**摔跤**比赛需要令人惊叹的技巧，**拳击赛**也比现代拳击更加暴力，然而有一项运动比摔跤和拳击还要残酷，那就是徒手格斗。徒手格斗的参赛运动员赤手空拳，互相狂揍，他们不能戴任何护具，就连脸都得不到保护。即使对手已经被打倒在地，格斗也不会停止。这一野蛮的运动甚至得到了诗人和知识界的喜爱。

古希腊哲学家柏拉图就是徒手格斗的爱好者。（不过还好，他在哲学方面的成就更大！）

全面搏击

　　古代奥运会上最疯狂的竞赛项目是什么呢？就是现代摔跤运动的前身——全面搏击。这种古代竞技项目的规则更少，造成的骨折次数多到数不清。在全面搏击赛中，几乎什么招式都可以用，如：出重拳，用膝盖和肘部猛击，用头撞。只要不把对手的眼睛挖出来，就不算违规！最终赢家是绝不服输、坚持到最后的那一个。

四马战车赛

　　哪种比赛项目最令人期待呢？毋庸置疑，是四马战车赛！这是扣人心弦的比赛，每辆战车由四匹马拉动，在场上飞驰。比赛场面壮观又刺激，但是非常危险。对手会互相撞击、互相碾轧，失控时甚至会冲出跑道撞向观众。

古代奥运会项目发展史

　　第 1 届奥林匹克运动会只进行了 1 天，比赛项目只有 1 个，就是赛跑。比赛进行得就像闪电一样快！之后的奥运会逐渐增加了其他比赛项目，内容越来越丰富，持续时间也随之增加了。我们一起回顾一下，在各届古代奥运会里都有哪些新增的比赛项目吧。

赛跑
（1 斯塔迪昂）

摔跤和五项全能运动
（这是难度最大的比赛，运动员必须先跑完 1 斯塔迪昂，然后跳远、掷铁饼、投标枪，最后进行摔跤）

拳击

公元前 720 年

公元前 688 年

公元前 776 年

公元前 708 年

公元前 680 年

长跑
（7 至 24 斯塔迪昂）

四马战车赛

青年拳击
（没错，格斗绝对是古希
腊人的真爱）

青年全面搏击
（听起来有些不可思议，
但事实就是这样）

青年赛跑（1 斯塔迪昂）
和摔跤

公元前 648 年

公元前 628 年

公元前 396 年

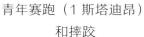

公元前 632 年

公元前 616 年

公元前 200 年

全面搏击和赛马

青年五项全能运动
（这项比赛在奥运会中只进
行过 1 次，或许是因为比赛
内容太多了）

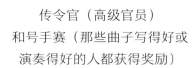

传令官（高级官员）
和号手赛（那些曲子写得好或
演奏得好的人都获得奖励）

17

仪式与情感

　　一切就绪！12 名裁判与运动员在神庙前排列成了整齐的队伍。他们激动不已，心都要跳出来了——向宙斯宣誓的时刻终于到了！

　　号声响起！
　　青铜制作的萨尔平克斯号扬起声浪，响彻奥林匹亚的街道。
　　比赛即将拉开序幕！

　　开幕式是众人瞩目的重要时刻。成千上万的人目不转睛地望着运动员，心里会想同一个问题：究竟谁能戴上那象征胜利的橄榄枝桂冠呢？

比赛当然是奥运会的核心，不过仪式同样重要。为了取悦诸神，人们会举行各种仪式。

比如说，在奥运会的第三天，人们会暂停所有比赛活动，专门来感谢宙斯。

怎么表达对宙斯的感谢呢？方法有点可怕，就是杀死100头牛献祭！这个献祭仪式就叫作百牛大祭，而其英文单词"hecatomb"如今仍被用来指代灾难性的事件。

这些仪式和体育项目已经消失了很多世纪，但人们还是了解到了不少相关情况。人们是怎么了解到的呢？这都多亏了保存下来的古代陶器！

奥运会是古希腊艺术家最热衷表现的主题之一，他们喜欢把运动员的图案画在各类陶器上。

古希腊人

雅典人
优雅、精致，但也在乎荣誉。

奥林匹亚的公民
最幸运的人，因为比赛就在他们家门口举行。

斯巴达人
作战能手，随时准备上战场。

克里特人
他们亮红色的无袖宽松外衣在人群中分外显眼。

马其顿人

他们居然直接把动物皮毛披在身上当衣服？这风格一言难尽啊……

纳克索斯岛的公民

来自纳克索斯岛的最优秀的运动员，居住在岛上白色的房屋里（该岛房屋以白色为主）。

罗德岛的公民

罗德岛的名称来自古希腊语中的"玫瑰"一词，岛上的人会不会带来玫瑰一样的浪漫与芬芳呢？

德洛斯岛的公民

他们崇拜狩猎女神，奥运会奖牌就是他们的"猎物"！

运动员：是英雄还是神祇？

如今，奥运会吸引了世界各地的运动员参加，但最初奥运会只是少数人的专属，因为只有血统纯正的希腊人才能参加古代奥运会。血统纯正，意味着选手的父母必须也是希腊人。

古代奥运会的参赛者必须提前一个月赶到奥林匹亚，绝对没有通融的可能。迟到的人会受到责罚，要么交罚款，要么被取消参赛资格！

如果有些选手中途改变主意不想参赛了，又会怎么样呢？选手在参赛前需要先参加"训练营"，熬过为期 10 个月的强化训练期。在此期间选手可以选择退出，这不会有损尊严。但是选手如果在奥运会期间突然改变主意，就只会成为全希腊的笑柄。这样做可不值得！如果一个运动员已经到了奥林匹亚，为什么不全力以赴争取胜利呢？只有这样，他才有机会被世人永远铭记，获得不朽的名声！

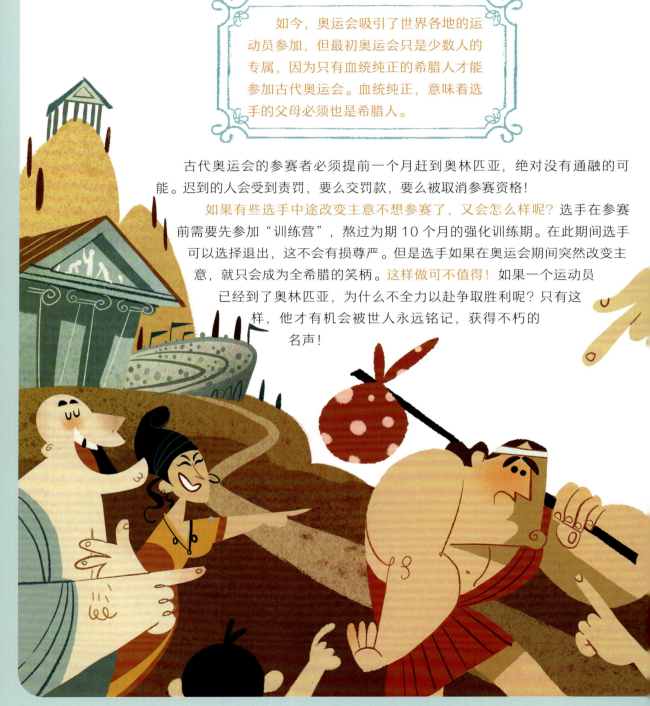

运动员的样子

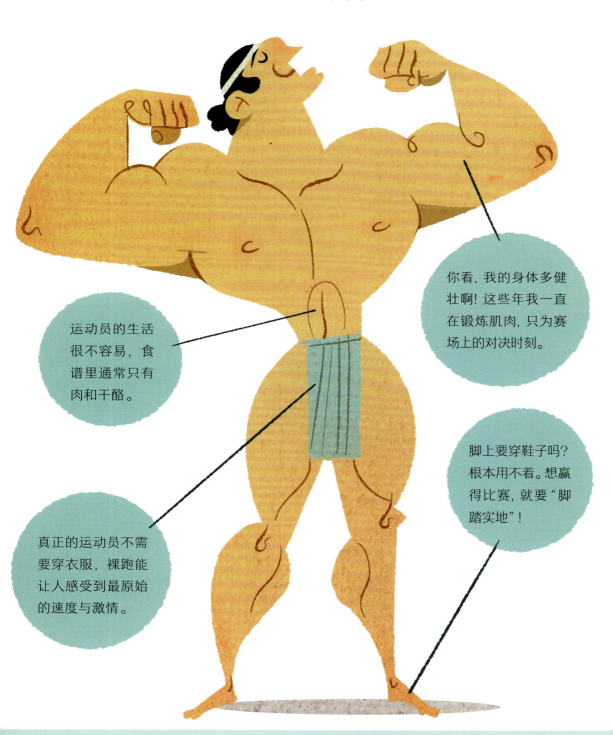

运动员的生活很不容易，食谱里通常只有肉和干酪。

你看，我的身体多健壮啊！这些年我一直在锻炼肌肉，只为赛场上的对决时刻。

真正的运动员不需要穿衣服，裸跑能让人感受到最原始的速度与激情。

脚上要穿鞋子吗？根本用不着。想赢得比赛，就要"脚踏实地"！

昔日的奥运英雄

罗德岛的列奥尼达斯（Leonidas）

"他跑得和神灵一样快！"这句话对运动员来说，简直是至高赞誉。罗德岛的列奥尼达斯在运动场上表现出色，是独一无二的人物，直到 2000 多年后，才有人打破他创下的纪录。他是四届奥运会上毫无争议的冠军，时间跨度从公元前 164 年到公元前 152 年。在那 12 年里（奥运会每四年一届），他不仅是常规赛跑的冠军，还赢得了重装步兵赛跑冠军。即使身披重达 44 磅（约 20 千克）的盔甲，他的速度仍然无人可及。

列奥尼达斯真的是无与伦比。人们会排成长队，只为一睹他的风采，现代摇滚明星的魅力也不过如此！

尼禄（Nero）

尼禄这位古罗马皇帝，传说中是出了名的暴君。但很少有人知道，尼禄也是奥运冠军：公元 67 年，他在奥运会的 5 个项目上都拿了第一。

尼禄很厉害吧！不过他要了点手段。在他的威压下，那一届的奥运会推迟了 2 年举行，就是为了让他能得到训练。而且，奥运会还专门为他创建了 3 个项目。不仅如此，在骑马比赛中，其他选手别无选择，只能放慢速度，让他冲到最前面去。

厄伯塔斯（Oebotas）

厄伯塔斯是亚加亚（希腊的一个古老地区）运动员中第一个奥运冠军，但他并没有得到同胞的尊重。他那么努力，却连一场小规模的庆祝都没能换回来。

厄伯塔斯愤怒地"下了个诅咒"。结果在接下来的 300 年里，再也没有一个亚加亚运动员得过奥运冠军。

所以，永远不要激起一个运动员的怒火！

克罗托那的米罗（Milo）

克罗托那的米罗是个传奇人物，具有超人般的力量。他年纪轻轻就成了希腊最强壮的摔跤手，还连续赢得了 7 次奥运会冠军。你知道吗，他第一次夺冠时才刚刚 15 岁。

米罗不仅是个体育冠军，他还热爱哲学。他勇敢得像狮子一样，没什么能把他吓倒，还在一次地震中救了一些人的命。当时房屋的柱子断了，多亏他挺身而出，用身体支撑住了快要崩塌的屋顶，屋里的人才得以平安逃生。

克罗托那的提玛斯忒斯（Timasiteus）

公元前 516 年，年轻的提玛斯忒斯也走上了赛场，要与他对决的是他的同胞米罗。

面对心目中的英雄、众人崇拜的偶像、神灵一般的存在，提玛斯忒斯又怎么能出手与之争斗呢？不，这种事他无论如何也做不出来！最后他选择了放弃争夺冠军，心甘情愿屈居第二，却因高尚的行为赢得了永恒的荣耀。

埃罗多罗斯（Erodorus）

真正创下纪录的人当属埃罗多罗斯，从公元前 328 年到公元前 292 年，他居然连续赢得了 10 次奥运会冠军。

他的肺活量很大，但他并不是跑步选手。他身体强壮，但并不是因为肌肉多。他的特长是什么呢？他是当时最优秀的号手。那时吹号比赛已经进入奥运会很长一段时间了。

埃罗多罗斯就连在餐桌上也是冠军，因为他比谁都能吃能喝！

杰出女性
的故事

赛跑、摔跤、投掷，这些运动的参与者都是男性。你知道吗，古代奥林匹克运动会只限男性参加，女性就连观赛都不可以。这简直让人难以置信！

然而，总会有勇敢的人站出来，打破这种不公平的规则。

卡利帕特拉（Callipatera）是一位年轻运动员的母亲兼教练，为了给儿子加油，她乔装打扮成男子，巧妙地混进了观众席。看到儿子在比赛中获得胜利，她跳过了围栏，激动地冲上去拥抱他，可是意外发生了——她的外衣不小心滑了下来！身为女性的她一下子暴露了！这无疑引起了不小的轰动。幸运的是，她家里出了奥运冠军，因此她很快就得到了人们的原谅。不过从此以后，观众都必须在就座前脱下外衣，以免再次发生类似的事情。

斯巴达的辛尼斯卡（Cynisca）

斯巴达的辛尼斯卡甚至比卡利帕特拉更出名。她是技巧高超的驯马师，只需要寥寥数语，不论什么样的烈马都会听从她的指挥。是不是神奇得让人不敢相信啊？！可惜她无法参加奥运会……

斯巴达人是充满斗士精神的民族，男男女女从小接受的教育就是在面对逆境时永不言败。作为这个民族的一员，她又怎么会放弃呢？她想出了一个方案。

尽管奥运会规定只有男性骑手才能驾驭参赛的马匹，但是规则并未提到只有男性才能担任驯马师。于是，她大胆地出现在赛马场上，让所有人都惊讶得说不出话来。

这并不是在开玩笑。斯巴达的辛尼斯卡赢得了比赛，人们也因此永远记住了她的名字。

难以置信，却是事实！

令人叹为观止的奇迹！

在奥林匹亚的宙斯神庙里，矗立着一座宙斯巨像。每个走进神庙的人看到它，都会不由自主地安静下来，心生敬畏之情。

诸神领袖的这座巨型雕像高达 42 英尺（约 13 米），雕像的头几乎要顶到神庙的天花板。它是由古希腊最著名的雕塑家菲狄亚斯（Phidias）用黄金和象牙亲手打造的。在长达 800 多年的岁月里，奥林匹亚的宙斯巨像就在那里巍然屹立，让每个朝圣者为之惊叹。

奥林匹亚宙斯巨像被视为古代世界七大奇迹之一，可惜巨像被大火烧毁了，没能保存下来。

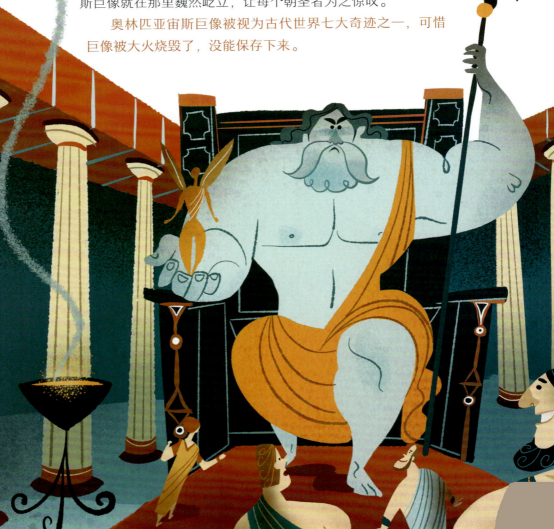

注意啦！开赛时别违规！

每位运动员都必须宣誓遵守规则。如果有人要小聪明，不遵守规则，又会有什么样的下场呢？有些运动员会在比赛马上要开始时提前冲出去，这样就能比对手抢到更多的时间。

运动员一旦被发现作弊，就会受到严厉的惩罚。最轻的责罚是交纳一大笔罚金。如果裁判确实被激怒了，作弊的运动员可能会遭到鞭打。

赛跑选手还是面包师？

你知道第一位奥运会冠军是谁吗？有据可考的第一位奥运冠军，就是赛跑选手科罗布斯（Coroebus）。

他是那种著名的运动员吗？他是全身心投入训练的运动员吗？

根本不是。他其实是一名面包师！

告诉我你胡子有多长，
我就能告诉你在哪个组比赛

　　在古代奥运会上，有 12 名评委的任务是把参赛者分为年幼组和成人组，这样运动员就可以在同一年龄组进行比赛了。

　　但是，古希腊那个时候还没有身份证件。

　　评委们怎样才能确定运动员的年龄，确保把运动员分到正确的年龄组呢？

　　很简单，他们只需要……量一量运动员的胡子！

　　这方法不太靠谱，不过想想也很有趣。

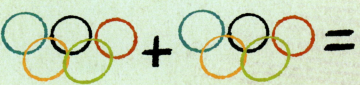

你经历过几届奥运会？

几千年前，每个城市都有各自的日历。想想看，那时居住在不同城市的人安排约会该有多混乱啊！

从公元前 776 年开始，人们有了测量时间长度的新方法，那就是用奥运会做参照。每个人都知道一届奥运会对应的时间是四年，因此，如果有人问一个孩子多大了，孩子可以回答："我经历过两届奥运会。"也就是说，他 8 岁了。

这一次死者获胜

全面搏击十分危险，有时甚至会导致运动员丧生。这可不是夸大其词。

不过在当时，这并没有带给人们过多的困扰，只是有一位运动员参加全面搏击比赛时出了件匪夷所思的事。这位运动员就是来自费加里亚的阿里奇恩（Arrhichion）。他被对手死死锁住了脖子，但是在窒息之前，他给了对手的膝盖一记猛击。对手忍不住剧痛，主动认输了。裁判宣布阿里奇恩获胜，然而此时他已经窒息而死。

这成了一场由死者获得胜利的比赛。

古代奥运会
的终结……

在长达 1000 多年的时间里，古代奥运会和《神圣休战条约》的历史交织在一起，谱写了一段非凡的故事！在 292 届古代奥运会中，优秀的运动员们彼此切磋，互相竞逐，进行了一场又一场十分艰难的比赛，以此表达对宙斯的敬意。他们的故事通过历史学家、艺术家和诗人的作品得到流传，永远载入了史册。

然而，公元 393 年，古代奥运会的辉煌历程突然终止了。

希腊丧失了统治地位，罗马人征服了整个地中海地区。人们对希腊神话和奥林匹斯众神的崇拜逐渐消失。古代奥运会走向衰落，最终被罗马帝国皇帝狄奥多西下令废止。

在接下来的大约 1500 年里，没有人想到要重新组织类似的比赛活动。

这一时期，人们热衷于战争和领土扩张，通过战争获取强权。

尽管如此，各国之间的战争最终总会走向和平解决之路，运动场上的竞技最终会取代战场上的杀戮。

1894 年，一位名叫皮埃尔·德·顾拜旦（Pierre de Coubertin）的男爵提出了他的想法……

提出伟大倡议的人

　　顾拜旦出生于法国巴黎的贵族家庭。他非常喜欢体育运动，所以无法理解人们为什么会选择打仗，而不是参加赛跑、跳跃或投掷运动。事实上，即使在和平年代，乐于参加锻炼的人也不太多，就连孩子们也如此，不是坐在家里就是坐在学校里。

为什么不是每个人都能体会到体育锻炼给身心带来的益处呢？

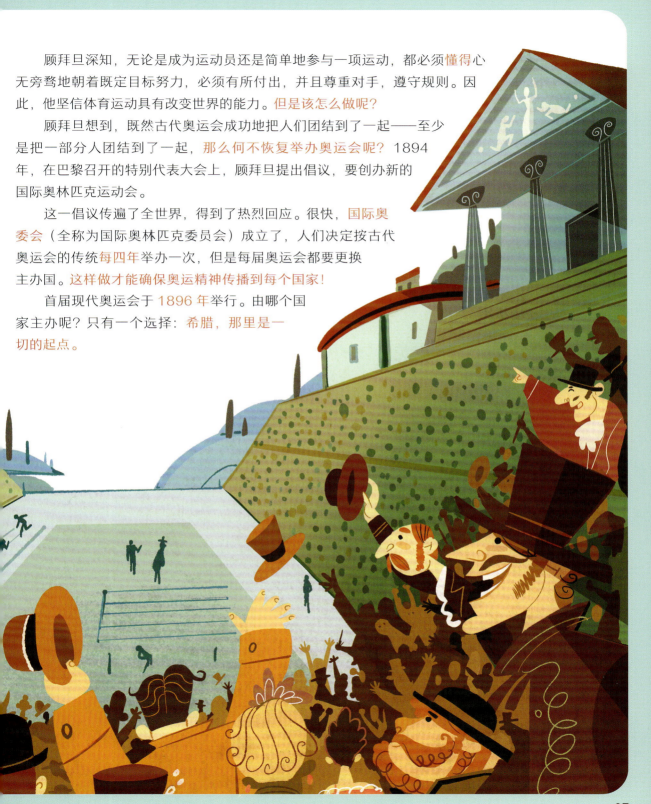

　　顾拜旦深知，无论是成为运动员还是简单地参与一项运动，都必须懂得心无旁骛地朝着既定目标努力，必须有所付出，并且尊重对手，遵守规则。因此，他坚信体育运动具有改变世界的能力。但是该怎么做呢？

　　顾拜旦想到，既然古代奥运会成功地把人们团结到了一起——至少是把一部分人团结到了一起，那么何不恢复举办奥运会呢？1894年，在巴黎召开的特别代表大会上，顾拜旦提出倡议，要创办新的国际奥林匹克运动会。

　　这一倡议传遍了全世界，得到了热烈回应。很快，国际奥委会（全称为国际奥林匹克委员会）成立了，人们决定按古代奥运会的传统每四年举办一次，但是每届奥运会都要更换主办国。这样做才能确保奥运精神传播到每个国家！

　　首届现代奥运会于1896年举行。由哪个国家主办呢？只有一个选择：希腊，那里是一切的起点。

现有的和消失的奥运项目

从第 1 届现代奥运会举办至今，发生了很多变化。比如说，参加 1896 年首届奥运会的是来自 14 个国家的 285 名运动员，而现在参加奥运会的是来自 200 多个国家的近 11000 名运动员。顾拜旦的梦想一步步地实现了：奥运会已经真正变成了国际性的运动会，就连比赛项目的数量也增加了。

首届现代奥运会只有 9 个运动项目，我们来看看现在有多少运动项目吧。

- 田径
- 羽毛球
- 足球
- 划艇 / 皮划艇
- 赛艇
- 自行车
- 马术
- 体操（竞技体操、艺术体操、技巧运动）
- 高尔夫球
- 马球
- 柔道
- 摔跤
- 篮球
- 手球
- 排球和沙滩排球
- 五项全能

- 拳击
- 七人制橄榄球
- 击剑
- 举重
- 水上运动（游泳、花样游泳、水球、跳水）
- 跆拳道
- 网球
- 乒乓球
- 射击
- 射箭
- 铁人三项
- 帆船运动

2020 年日本东京奥运会（实际于 2021 年 7 月开幕）新增了下列项目：

- **攀岩**
- **棒球 / 垒球**
- **空手道**
- **滑板**
- **冲浪**

从奥运赛场上消失的项目

　　一些有趣的奥运项目已经陆续消失了，包括单人花样游泳（该项目的英文名称是 solo synchronized swimming，其中既有单人"solo"，又有同步"synchronized"，是不是本身就自相矛盾呢？）、热气球、双人自行车（两人共骑一辆自行车）、拔河和水下障碍赛等。

奥运会会旗

正如国旗是一个国家最重要的标志，为所有运动提供家园的奥运会也需要一面旗帜。因此，顾拜旦精心设计了每个国家都能接受的标志：五个相互交织的圆环。

这五个圆环代表五大洲，在奥林匹克精神的引领下，五大洲团结在一起。这难道不是天才的设计吗？此外，旗帜的颜色也很重要：五个圆环分别被设计为蓝色、黄色、黑色、绿色和红色（背景为白色）。这些颜色也出现在世界各国的国旗上。

重要的是参与，而不是取胜

　　每个团队都有自己的格言或口号。奥运会是集合了所有运动（或至少大部分运动）的赛事，当然也要有自己的格言。官方版本的奥林匹克格言是："更快、更高、更强！"（2021 年7 月之后新增了"更团结"。）不过你更有可能听到的是："重要的是参与，而不是取胜！"

　　很多人认为这句格言出自顾拜旦，实际的情况则是顾拜旦听了一位主教的演讲后深受启发，才总结出来。归根结底，这句格言的出处并不重要，重要的是它表达了奥运会赖以存在的奥利匹克精神：相互了解、友谊、团结和公平竞争（比如对对手的公平和尊重）。这种奥利匹克精神是每位参赛运动员都应该遵循的。

友谊第一，比赛第二！

16

奥运火炬

从首届奥运会开始，奥运火炬就成为奥运会的重要象征。如今人们会举行具有象征意义的奥运圣火采集仪式，并首先在奥林匹亚燃起圣火。

在圣火采集仪式上，一群身着希腊祭司服装的女子，利用凹面镜聚集太阳光，产生的高温引燃奥运圣火。由圣火点燃的奥运火炬从此踏上旅程，从奥林匹亚出发，穿越世界各地，最终抵达奥运会的主办城市。

奥运圣火通常由火炬手传递。

近年来，奥运火炬的传递方式开始多样化：飞机、骆驼、独木舟……人们甚至把奥运火炬送入了水下和太空！在1996年至2014年间，奥运火炬三次进入太空轨道，只不过此时火炬不得不暂时熄灭（否则恐怕航天器会遇到一些麻烦）。

吉祥物

自 1972 年以来，奥运会就有了象征幸运与魅力的吉祥物。有些吉祥物大受欢迎，成了卡通的主角；有些则被大多数人遗忘了。

瓦尔迪（Waldi，1972 年德国慕尼黑奥运会吉祥物）

瓦尔迪是奥运会的首个官方吉祥物，它竟然是只腊肠犬！它的样子很有趣，但看起来并不擅长运动。你觉得呢？

米莎［Misha，1980 年莫斯科（当时还是苏联的首都）奥运会吉祥物］

米莎是一只可爱的熊，赢得了很多人的喜爱，更征服了孩子的心。

伊兹（Izzy，1996 年美国亚特兰大奥运会吉祥物）

伊兹是个……是什么呢？这么多年过去了，仍然没有人能说清这个大眼睛的家伙到底是什么。伊兹是什么，成了一个谜！

米拉伊托瓦和索米蒂（Miraitowa and Someity，2020 年东京奥运会吉祥物）

米拉伊托瓦和索米蒂色彩斑斓，模样有趣，就像直接从卡通片中走出来的一样。它们是由日本全国的小学生投票选出来的。

古代与现代

自古至今，运动员和运动项目一直是奥运会的核心，然而古代奥运会与现代奥运会之间的差异巨大。2000多年的历史和变革留下了明显的痕迹。

从前

在古代，参加体育运动对**女性**来说几乎是不可能的，甚至观看比赛都不被允许。这是多么不公平啊！不过也有一些令人惊叹的女性的相关故事流传至今，比如我们之前讲过的。

运动员代表着古希腊最优秀的青年，而最早的古代奥运会，只有**贵族**才有参赛资格。

古代奥运会最长的举办时间只有**五天**。四年的等待之后，只有一星期左右的比赛时间，然后一切就结束了！

如今

在首届现代奥运会中，女性是被排除在外的。顾拜旦认为女子运动没那么有趣——即使最优秀的人，有时也会犯错！

然而，从第 2 届奥运会（1900 年巴黎奥运会）开始，女性开始参加并且项目越来越多。自 2012 年以来，再也没有只限男性的比赛项目了。

在最初的 90 多年里，奥运会参赛者只限业余选手，他们将体育运动作为爱好（而不是职业）。从 1988 年开始，职业运动员（那些将体育运动作为职业的人）也可以参加奥运会了。

如今，奥运会持续大约 14 天。持续时间最长的纪录是 1908 年创下的，那年的奥运会从 4 月开始，在 6 月结束。（相当漫长！）

奥运之最

每届奥运会都会为我们带来激动人心的比赛，留下非凡的传奇。有些运动员实在是太优秀了，他们获得的成绩被载入了史册。

游泳选手迈克尔·菲尔普斯（Michael Phelps）是璀璨的奥运之星，他赢得了 28 枚奥运奖牌，其中 8 枚金牌是在同一届奥运会上独揽的。这打破了体操运动员拉里莎·拉蒂尼娜（Larisa Latynina）此前保持的纪录，她获得的奥运奖牌总数比菲尔普斯少了 10 枚，因此在"超级运动员"排行榜中只能屈居第二了。也有一些运动员在多个项目上展现出超凡的才能，例如弗兰克·库格勒（Frank Kugler），他在 1904 年美国圣路易斯奥运会中勇夺摔跤、举重和拔河 3 个项目的金牌。

这样的成就确实令人惊叹，他创下的纪录至今无人超越！

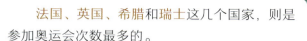

法国、英国、希腊和瑞士这几个国家，则是参加奥运会次数最多的。

美国和苏联（如今的俄罗斯及其一些邻国），在奥运奖牌总数榜上傲视群雄。美国运动员赢得了近 3000 枚奥运奖牌，数量庞大，恐怕需要一个巨大的展厅才能把这些奖牌全部展示出来。

然而，我们在细数奖牌时，不能忽视其他小国和较少参与体育运动的国家，否则就不公平了。这些国家没有参加第 1 届现代奥运会，而且由于人口较少，他们能派去参加奥运会的运动员自然也有限。

如果把各国的人口规模考虑进去，奥运奖牌榜上脱颖而出的就是芬兰。他们每 100 万公民中就有 55.8 枚奖牌，比例十分可观。

那么，最盛大的奥运会是哪一届呢？是亚特兰大奥运会。那一年，830 万张门票售罄，盛况空前。

年龄不是问题！

玛乔丽·格斯特林（Marjorie Gestring）

玛乔丽·格斯特林从美国长途旅行来到德国柏林，踏上柏林赛场离水面 9.8 英尺（约 3 米）的跳板时，还只是个 13 岁的孩子。她深吸一口气，纵身一跃——这是一次无可挑剔的入水！这位来自加利福尼亚的金发女孩，就这样成了奥运史上最年轻的金牌得主。

奥斯卡·戈默·斯旺（Oscar Gomer Swahn）

瑞典的奥斯卡·戈默·斯旺从来不觉得自己老。他在 64 岁时赢得了射击金牌！这还不够，他在 72 岁时依然参赛，成了奥运会历史上最年长的参赛者，而且还获得了 1 枚银牌。

索尼娅·海妮（Sonja Henie）

　　索尼娅·海妮是非常有天赋的花样滑冰运动员。她第一次参加奥运会是在 1924 年，虽然只获得了第 8 名，没能登上领奖台，但她是奥运会最年轻的参赛者——当时她还没满 12 岁！

沃尔特·鲁道夫·沃尔什（Walter Rudolph Walsh）

　　谁的生日蛋糕上蜡烛数量最多呢？毫无疑问是沃尔特·鲁道夫·沃尔什。他快要过 107 岁生日时，成了世界上最年长的前奥运选手。

　　沃尔什还是著名的联邦调查局特工，他追踪过邦尼和克莱德（美国著名大盗）那一类的超级罪犯。他的一生就是跌宕起伏的传奇！

属于每个人的奥运会

　　在 2016 年的巴西里约热内卢奥运会开幕式上，数千名运动员代表各自的国家列队入场，他们有的眼里闪着泪花，有的面带激动的笑容。然而那一天，观众们把最长久、最热烈的掌声献给了一支特殊的队伍——来自 4 个国家的 10 名运动员组成的难民代表队。

　　这些运动员有的逃离战场，有的离开充满迫害或危险的地方。他们在奥林匹克旗帜下团结起来，仿佛终于回到了久违的家园。他们的故事给全球 6000 万处于同样境地的人带来了希望，因为体育会让许多美好的事情发生。

不属于任何人的奥运会

奥运会的确是和平的盛会，它欢迎每一个人，让全世界的人团结到一起，然而事情并非总是一帆风顺。

顾拜旦恢复奥运会的初衷很美好，就是在现代社会中继续遵循奥林匹克《神圣休战条约》，然而奥运会还是被取消过——而且不止一次，而是三次。导致奥运会无法举行的是战争，具体而言是两次世界大战。在 1916 年、1940 年和 1944 年，就连奥林匹克精神也无法让人们休战，那真是艰难而悲伤的岁月。

赤脚

　　在现代奥运会初期的几十年里，运动员们跑步时更喜欢穿**鞋底非常薄的鞋子**，甚至有些人会选择**赤脚**奔跑，就像古代奥运会的参赛选手一样。这是不是很难想象啊？直到**1928 年，在荷兰阿姆斯特丹奥运会**上才出现了第一双专门为运动员（可怜的双脚）设计的跑鞋。

运动员穿什么？

在 1900 年的巴黎奥运会上，女运动员终于获得了参赛资格，她们穿的是什么样的衣服呢？

　　在 1900 年的奥运赛场上，**网球和高尔夫球**女运动员不得不穿着遮住脚踝的长裙和长袖高领上衣。**1912 年**，瑞典斯德哥尔摩奥运会首次设置了女子游泳比赛项目，对女运动员的着装要求却仍然苛刻。她们虽然可以穿无袖泳衣，但泳衣是**垂到大腿的连体衣，而且居然是用羊毛做的！**

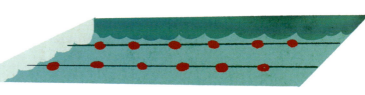

好冷啊！

在早期的冬奥会上，滑雪运动员的装备并不舒适。他们滑雪时连头盔都没有，脸上毫无保护，头上最多戴一顶巴拉克拉瓦盔式帽子。

那时真的很冷啊！摔倒时更是会痛得钻心！他们下身穿的是肥大的灯笼裤，膝盖部分扎得紧紧的，十分不舒服；上身是普通的毛衣，而且一般是手工制作的。与现在的轻盈滑雪服相比，简直是天壤之别。如今运动员的装备无疑有了很大的提升，倘若让现代的奥运冠军穿上以前那些装备与昔日的奥运选手竞技，恐怕是难以取胜的。

你觉得呢？

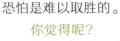

奇奇怪怪的比赛用品

沉重的足球

直到 20 世纪 50 年代，足球还都是缝制的，缺少一致的标准，奥运会用的足球也不例外。

这些足球一旦被水浸湿，就会变得非常沉重。为什么呢？原因是足球外层的皮革不防水，吸水之后，球就会变得很难控制。

想想看，球员们要是用头去顶这样的足球，那该多疼啊！

到了 20 世纪 70 年代，现代的足球终于登场了。它的外观是黑白相间的，这种颜色设计是为了让当时黑白电视机前的观众能够看清楚球。

沉重的球拍

网球也经历了一些小小的演变。

你知道吗，直到 20 世纪 70 年代末，网球拍还以木制的为主，重量大约 14 盎司（约 400 克），网线则是羊肠制成。

如今的网球拍使用的都是复合材料，质地很轻巧。不过也有些球员说，太轻的球拍会削弱他们的击球力度。

危险的装备

说到木头，就连第一代木头滑雪板都是又硬又笨重的，那时要脱下滑雪靴也很费力，因为靴子是直接固定在滑雪板上的。

这样的装备太危险了，而且在一些情况下并不实用……

比如说，如果运动员突然想去洗手间，就很尴尬了——而这在寒冷的地方可是常有的事！

奥运之星

尤里 · 凯基（Jury Chechi）："吊环王"

在体操界，运动员尤里 · 凯基因为超强的实力而被誉为"吊环王"。1996年，他凭借出色表现获得了奥运吊环金牌。他的名字源于传奇宇航员尤里 · 加加林——世界上首位进入太空的人。

退役后的尤里 · 凯基并没有远离赛场。为了实现对病重父亲的承诺，34 岁的他决定重返体操舞台。面对似乎无法克服的困难，他没有退缩，而是坚定地走上了 2004 年希腊雅典奥运会的赛场，还夺得了奥运会的铜牌。

费代丽卡 · 佩莱格里尼（Federica Pellegrini）："泳坛女神"

费代丽卡 · 佩莱格里尼还没学会走路，就已经能在泳池里畅游了。16 岁时，她在奥运会上获得了银牌，从此开启了辉煌的竞技生涯。她凭实力征服了观众的心，被人们亲切地称为"泳坛女神"。在 2007 年至 2009 年，她打破了 9 项世界纪录！

西蒙·拜尔斯（Simone Biles）：自信的体操公主

美国体操运动员西蒙·拜尔斯是在祖父母的呵护下成长起来的，他们像抚养女儿一样抚养她，教会了她如何坚定自信地面对一切。充满自信的她在 2016 年里约热内卢的奥运赛场上大放异彩，她曾 5 次站上领奖台，斩获 4 枚金牌，成为历史上获得（世锦赛和奥运会）奖牌总数最多的体操运动员。目前已经有两个体操翻转动作是以她的名字命名（这是至高无上的荣誉！），以后可能还有更多的体操动作会以她为名。

张怡宁：乒坛传奇

2004 年和 2008 年，雅典和北京，两届奥运会，两段辉煌的传奇！乒坛巨星张怡宁凭借超凡的力量和精准的击球，击败了来自世界各地的对手，赢得了 4 枚乒乓球金牌，为中国和无数球迷带来了无与伦比的荣耀时刻。

在 30 岁的黄金年龄，在她正处于巅峰状态时，张怡宁却做出了令世人震惊的决定：宣布退役，专心投入学业！

渡边挺武（Osamu Watanabe）：不败的英雄

全日本的观众都把目光聚焦到一个人身上——摔跤运动员渡边挺武。这是 1964 年东京奥运会的摔跤决赛，也是渡边挺武退役前的最后一场比赛。他果然不负众望，赢得了这场比赛，获得了奥运金牌。这是他个人的连续第 186 场胜利，那么多场对阵，他居然一场未败，一分未失！

这位风驰电掣的奔跑者，真的能将每场比赛都演绎成一场精彩的表演！

尤塞恩·博尔特（Usain Bolt）：风驰电掣的奔跑者

在起跑线上，尤塞恩·博尔特总是带着一丝淘气，冲过终点线时也是如此。然而一旦冲出起跑线，他立刻就化身为一道闪电！在 2009 年的柏林，这位牙买加飞人刷新了世界纪录，赢得了 100 米和 200 米赛跑的金牌，成了全世界公认的跑得最快的人。在 2008 年至 2016 年间，他一共获得了 8 枚奥运会金牌，更赢得了无数观众的支持。

公平竞赛奖得主

1963 年，顾拜旦奖诞生了。你没看错，该奖项的名字就来自"现代奥林匹克之父"皮埃尔·德·顾拜旦。这一奖项是为那些在公平竞赛方面表现优秀的运动员特别设立的，他们在比赛中慷慨无私，弘扬体育精神，因此虽败犹荣。

有一个获得该奖的运动员叫劳伦斯·勒米厄（Lawrence Lemieux），他是加拿大帆船运动员。他参加了 1988 年韩国汉城奥运会。决赛当日，天气非常糟糕，海上巨浪翻滚，就连标记比赛路径的橙色浮标都很难看清。他努力观察，却发现了一件更紧急的事情：正参加另一场比赛的两名运动员因为风浪太大掉进了水里。

情况危急，勒米厄立刻放弃比赛去救他们。结果他输掉了比赛，只得了第 25 名，但他脸上洋溢着开心的笑容。这是真正的奥林匹克精神！

迈克尔·菲尔普斯（Michael Phelps）

运动员打破纪录意味着突破极限，取得前所未有的成绩。这当然很难，而最难被打破的纪录又是哪一个呢？

无疑是一项被保持了 2000 年的纪录。最后这个纪录是游泳运动员迈克尔·菲尔普斯打破的，前文已经说过，菲尔普斯是璀璨的奥运之星，在个人项目中共获得了 13 枚金牌。之前一直保持这个纪录的是罗德岛的列奥尼达斯，他在古代奥运会中获得过 12 次冠军。

奥运纪录保持者

约瑟法·伊德姆（Josefa Idem）

所有运动员都有同一个梦想，就是在奥运赛场上竞逐，但在几十年里连续参加 8 届奥运会，似乎是做梦都难以想象的事。不过真的有极少数人做到了，其中有一位杰出的女性，是生于德国的意大利运动员约瑟法·伊德姆。从 1984 年至 2012 年，她多次参加奥运会，划着单人皮划艇穿越了世界的各个水域。

纳迪亚·科马内奇（Nadia Comaneci）

在学校里成为优秀的 A+ 学生不是件容易的事，你能想象自己在奥运会上成为 A+ 运动员吗？在 1976 年的加拿大蒙特利尔奥运会上，罗马尼亚体操运动员纳迪亚·科马内奇做到了这一点，那年她只有 14 岁。这是前所未有的事情，裁判们都不知道该怎么给她打分了，因为记分牌最高只有 9.99 分。

最终，他们只好给她打出代表满分的"1"。她是当之无愧的第 1 名！

卡尔·刘易斯（Carl Lewis）

会不会有人跑得像风一样快呢？答案是肯定的。在 1984 年至 1996 年间，卡尔·刘易斯在 3 项短跑比赛中赢得了 10 枚奖牌，成为名副其实的"风之子"。（他也是跳远冠军！）

迪克·福斯布里（Dick Fosbury）

有一位运动员彻底改变了奥运会的一个项目，他就是迪克·福斯布里。他发明了背越式跳高技术——用背部朝下的方式越过横杆。1968 年，他凭借这种独特的跳高方式拿下了奥运金牌。

从那以后，许多运动员都选择了这种跳高方式。如果这不算创纪录，那还有什么是创纪录呢？

排除万难

金东玄（Im Dong-Hyun）

要想成为射箭冠军，就必须有意志力，必须专注，却不一定需要完美的视力。对此你或许感到惊讶甚至无法认同，但是韩国人金东玄证明了这一点。他的绰号是"盲眼射手"！尽管他的视力很差，但他还是在 2004 年至 2012 年间 3 次登上了奥运领奖台。

爱丽丝·科奇曼（Alice Coachman）

在 1948 年的美国，有色人种无法享有与白人同等的权利。他们生活在种种不公之中，甚至被剥夺了踏入运动场的权利。因此，跳高冠军爱丽丝·科奇曼的训练场地不是专业的运动场，而是无尽的绿色田野，但她还是获得了参加英国伦敦奥运会的资格。她很清楚，在这之前还没有黑人女性在奥运会上摘得金牌的先例。

凭借顽强的意志和无可指摘的实力，爱丽丝·科奇曼最终取得了胜利，戴着金牌凯旋。

阿贝贝·比基拉（Abebe Bikila）

1960年9月10日，埃塞俄比亚的阿贝贝·比基拉在意大利罗马的马拉松比赛中完成26英里（约42千米）的赛程，夺得了金牌。一切都很美好，但是有一个细节让参赛的他载入了史册——他竟然是光着脚跑完全程的。他以这种方式参赛，是为了向贫困的同胞致敬——他们生活艰难，甚至连一双鞋都买不起。

杰西·欧文斯（Jesse Owens）

美国运动员杰西·欧文斯获得了1936年柏林奥运会的参赛资格，他很清楚接下来的比赛并不容易。作为黑人，他将在希特勒统治下的德国参加比赛，而希特勒鼓吹的是白种人比其他种族都优越。

杰西·欧文斯的强项是跳远，观众最看好的跳远运动员则是德国的卢兹·朗（Luz Long）。在杰西·欧文斯起跳前，卢兹·朗告诉他一个避免犯规的小诀窍，帮助他从正确的位置起跳。杰西·欧文斯因此进入了决赛并获得了金牌。卢兹·朗的精神和杰西·欧文斯的获胜，让那些在不同种族间散播仇恨的人遭到了挫败。这两位伟大的运动员后来成了朋友。

冬季奥运会

为什么不另外专设一场属于冬季运动的奥运会呢？这一想法其实可以追溯到 1897 年。但是顾拜旦当时还不太确定，毕竟不是每个国家都拥有适合冬季运动的气候。

直到 1924 年，冰雪运动爱好者才终于迎来了为他们举办的"国际冬季运动周"（后来被更名为首届冬季奥运会）。不出所料，参赛情况并不理想，只有来自 16 个国家的 258 名运动员参加了比赛，显得有些冷清，而最近一次夏季举办的奥运会的参赛人数达到了将近 3000 人。

另外，由于天气异常寒冷，参加越野滑雪比赛的 33 名运动员中有 12 人中途退出了。

　　"国际冬季运动周"是不是彻底失败了呢？恰恰相反！活动取得了巨大的成功，因为它激发了人们的兴趣，让每个人都渴望更多地了解冬季赛事中的六大项目，即冬季两项、雪车、冰壶、冰球、滑雪、花样滑冰。人们热情高涨，促使国际奥委会做出决定，将这一赛事正式更名为冬季奥运会。从那时起到1992年，夏季奥运会与冬季奥运会在同一年举行，主办方也是同一个国家，举行的月份当然分别属于夏天和冬天。为了给观众带来更多乐趣，从1994年开始，奥委会决定把冬季奥运会与夏季奥运会分隔开来，以两年为间隔交叉举行。也就是说，每两年就会有一次奥运盛会，分别由不同的国家主办。

　　于是，1994年以后，每隔一年，全世界的人都会屏住呼吸，观看各类运动项目的决赛，无论是在炎热的夏季还是在寒冷的冬季。

在将近一个世纪的时间里，冬季奥运会吸引了来自各大洲的运动员和观众，甚至包括那些从未下过雪的国家，比如尼日利亚。2018 年，尼日利亚组建了一支女子雪车队参加冬奥会。你会发现，这并不是雪车运动第一次带给人们惊喜。

在雪地和冰面上进行的众多体育项目都非常有趣，我们来看看冬季奥运会现在有什么运动项目吧。

- 冬季两项
- 雪车
- 北欧两项
- 冰壶
- 自由式滑雪

- 冰球
- 花样滑冰
- 速滑
- 跳台滑雪
- 高山滑雪

- 越野滑雪
- 短道速滑
- 钢架雪车
- 单板滑雪

这些项目有的早已被人们熟悉，
有的则是因为奥运会才广为人知的。

你见过冰壶吗？

在冰壶比赛中，运动员要在冰面上扔出特制的圆石头（它们被称为"砥石"），并用特殊的毛刷擦刷冰面控制圆石头的滑行。这项运动看似很简单，实际上相当复杂，蕴含着各多策略和战术。所以，冰壶也被戏称为"冰上国际象棋"。

冬天的王者

卡罗琳娜·科斯特纳（Carolina Kostner）

"在运动中，你学到的最重要的一课就是你不可能永远成功。在生活中也是一样，就算跌倒了，也不是世界末日。"

你认同"冰上女王"卡罗琳娜·科斯特纳这句话吗？她滑冰的样子轻盈而又优雅，如同一名舞者。虽然遭遇了可怕的失败和挫折，但她依然成功地站了起来。她勇敢地面对生活，并在重返运动场后获得了2014年俄罗斯索契奥运会的铜牌。

史蒂文·约翰·布拉德伯里（Steven John Bradbury）

2002年，在美国盐湖城冬奥会上，澳大利亚的史蒂文·约翰·布拉德伯里赢得了一枚金牌，这一成就可能是奥运史上最令人难以置信的奇迹。他参加奥运会时根本没有夺金的希望，过去的8年里，他遭遇了太多不幸，还出过两次严重的事故。

然而，出人意料的是，他进入了短道速滑的决赛。更令人咋舌的是，在决赛中，他的对手竟然一个接一个全都摔倒了。他第一个越过终点线，成了冠军，连他自己都觉得不可思议。

羽生结弦（Yuzuru Hanyu）

试想一下，一个孩子不得不丢下心爱的玩具，会有什么感受呢？那真是太难受了。日本滑冰运动员羽生结弦就遇到了这样的事。他的幸运物是一只小熊玩偶，但是他在 2018 年参加韩国平昌冬奥会时，不得不把幸运小熊留在家中。他的粉丝们得知此事后，在他上场前将数十只维尼熊玩偶堆到了冰面上。或许正是他们充满爱心的温暖举动，支持着羽生结弦赢得了金牌。这是他在 2014 年俄罗斯冬奥会后再次获得奥运金牌。

皮塔·塔乌法托法（Pita Taufatofua）

皮塔·塔乌法托法的名字就像是绕口令。他是奥运会上非凡的双料明星，在夏季奥运会的跆拳道比赛和冬季奥运会的越野滑雪比赛中都曾闪亮登场。不过真正让他的名字传遍世界的，是 2018 年的平昌冬季奥运会开幕式。到底是怎么回事呢？原来，皮塔·塔乌法托法来自汤加——波利尼西亚岛群上的一个热带岛屿。作为汤加的执旗手，他竟然赤裸上身，举着国旗走进了运动场。然而那时是寒冷的冬天，其他运动员都穿着厚重的外套和滑雪服。

意想不到的结果

乔安娜·博林（Joana Bolling）

乔安娜·博林是手球队的一员，这一天她激动不已，因为她获得了参加奥运会的资格。然而，此时她的家人却因为她父亲的病情而忧心忡忡。他病得很重，需要换一个肾脏才能维持生命。得知父亲的病情后，乔安娜立刻做出了决定：参加奥运会可以再等等。她经历了艰难的手术，把自己的一个肾移植给了父亲。你会不会觉得她才是真正的勇士和获胜者呢？

在没有雪的加勒比海滑雪车

加勒比群岛一年到头都很炎热，如果你在那里生活，可以从事很多运动项目，但你绝不会想到滑雪车。然而，30 多年前，在没有雪的牙买加，四位无所畏惧的年轻人决定参与这项运动。他们使用普通的推车代替大雪橇进行练习，最终获得了 1988 年加拿大卡尔加里冬奥会的参赛资格。

比赛结果并不理想，但他们的故事非常励志，最后被迪士尼改编成了电影。

金栗四三（Shizo Kanakuri）

在 1912 年的斯德哥尔摩奥运会上，马拉松选手金栗四三神秘地失踪了。这真是个谜团，谁都不知道他去哪儿了！直到 50 年后，真相才被一名记者揭开：原来在比赛中，由于天气炎热，他停下来休息，结果睡着了。他尴尬不已，所以悄悄回了日本。

他后来接受了返回斯德哥尔摩完成比赛的正式邀请，就这样创下了独属于他的个人纪录：54 年 8 个月 6 天数小时。好吧，每个人都有自己的时间表！

尤斯拉·马尔迪妮（Yusra Mardin）

一艘橡皮艇就要沉没了，艇上一共有 20 个人，他们大多不会游泳，除了尤斯拉·马尔迪妮姐妹。她们为了逃离叙利亚的战争而穿越爱琴海，现在离希腊海岸只有几英里了，她们不甘心就这样放弃。姐妹两人勇敢地跳进海里，拼命把橡皮艇拖到岸边，拯救了艇上所有的人。后来，尤斯拉成为游泳界的明星。她参加了 2016 年里约热内卢奥运会，给数百万人带来了希望。

每隔四年，都会有成千上万的运动员参加另一场举世闻名的体育盛事——残疾人奥林匹克运动会，简称残奥会。仅 2016 年，就有 4350 名运动员参加了里约热内卢残奥会。每届残奥会都是与奥运会同时举办的。（残奥会的英文是"Paralympics"，其中前缀"para"代表"平行""并列"，因为残奥会是与奥运会并驾齐驱的赛事。）

永不放弃：残奥会

　　说起残奥会，我们不能不提那些得奖牌、破纪录的杰出运动员。他们有什么不一样呢？参加残奥会的运动员有些坐在轮椅上竞技，有些使用假肢并且看起来就像超级英雄，有些运动员丧失了视力或听力，也有些运动员有智力障碍。

　　这些杰出的男男女女，突破了所有的局限，战胜了所有的偏见！

残奥会的起源

现代奥运会的创始人是顾拜旦，残奥会的设立则归功于一位名叫路德维格·古特曼（Ludwig Guttmann）的医生。1948 年，这位医生抱持着与顾拜旦相似的理念，决定借助运动的力量帮助"二战"时期的伤员康复。在那年伦敦奥运会举办期间，他发起了斯托克·曼德维尔运动会（Stoke Mandeville Games）。

虽然此次运动会只有 16 名运动员参加，但这无疑是个良好的开端。到了 1960 年，第一届残奥会在罗马举行，共有来自 23 个国家的 400 名运动员参赛，他们使用的是与奥运会选手相同的场馆和设备。

这一事件标志着伟大的飞跃，为世界带来了新的运动项目、越来越包容的体育精神、令人惊叹的运动员和精彩的励志故事。

残奥会上的英雄

亚历克斯·扎纳尔迪（Alex Zanardi）

"我醒过来时很开心，因为我还活着。我就是这个样子。"

这是亚历克斯·扎纳尔迪对改变他一生的那一天所做的描述。这位出生于意大利博洛尼亚的赛车手，在 2001 年 9 月 15 日的一场赛车中遭遇了可怕的事故，失去了双腿。他该怎么办呢？他下定决心：成为世界上最著名的运动员之一！即使到了 50 岁，他仍然在参加比赛，仍然在赢得奖牌和打破纪录！

阿贝德拉蒂夫·巴卡（Abdellatif Baka）

由于视力障碍，不能像正常人一样看到东西，阿贝德拉蒂夫·巴卡无法参加"传统"的奥运会比赛。如果这位阿尔及利亚运动员能够参加 2016 年的里约热内卢奥运会，也许会夺得冠军，因为他在田径男子 1500 米比赛中无人能及。

阿贝德拉蒂夫·巴卡参加了 2016 年的残奥会，他取得的成绩超过了获得同项目奥运会金牌的运动员。

贝贝·维奥（Bebe Vio）

贝贝·维奥的第二次生命始于她 11 岁那年的至暗时刻，脑膜炎这一严重的疾病夺走了她的健康，她不得不接受四肢截肢手术。虽然失去了健全的身体，但她并没有失去迷人的微笑，也没有失去对击剑的热爱。幸运的是，特殊的假肢让她重获新生。她在 2016 年残奥会上获得了金牌，但这仅仅是她生活的一部分。她乐于投入各种激动人心的活动中，体验不同的人生，比如主持电视节目、为动画片中的不同人物配音。她还和美国前总统奥巴马合过影。

特里沙·佐恩（Trischa Zorn）

特里沙·佐恩是来自加利福尼亚的游泳运动员，如果她把得过的所有奖牌都戴在脖子上，那她的体重可能会翻倍，脖子也会疼得厉害。她一出生就失明了，但她堪称残奥会历史上最伟大的运动员。从 1980 年至 2004 年，她参加了 7 届残奥会，获得了 55 枚奖牌，其中 41 枚是金牌。

迎接未来：奥运之旅

奥运会是伟大的探险，它将引领我们环游世界的每个角落。而你，准备好启程了吗？

2028 年美国洛杉矶奥运会

创造力、乐观、多样性和包容性，这不仅是洛杉矶希望在奥运会期间传递的价值，更与真正的奥林匹克精神一脉相承。不过在洛杉矶，你关注的可能不仅是运动员，还有那里的电影明星。

2026 年意大利米兰－科尔蒂纳丹佩佐冬奥会

2026 年的冬季奥运会将由米兰和科尔蒂纳丹佩佐共同主办。运动员和观众将前往意大利北部参加冬奥会，那里有令人叹为观止的美景和城镇。而这场冬季盛宴的闭幕式，将在一个神奇的地方举行——历史悠久的维罗纳古罗马圆形竞技场。

洛杉矶

米兰－科尔蒂纳丹佩佐

2024 年巴黎奥运会

巴黎，被誉为"光之城"的法国首都，即将迎来极为特殊的百年纪念庆典：自从它上次举办奥运会以来，整整一个世纪过去了！这将是独一无二的体验。在 2024 年奥运会期间，巴黎将摇身一变，成为辽阔的"奥运会场"，不仅欢迎到来的运动员，也欢迎所有想探索其博物馆和历史遗迹的游客。

北京

2022 年北京冬奥会

在 2008 年，中国首都北京举办了夏季奥运会，这场盛会成了历史上无与伦比的奥运会。2022 年，北京又主办了冬季奥运会。中国正致力于打破另一项纪录，那就是可持续发展，意味着中国正在努力成为最关注生态环境的国家。

东京

2020 年东京奥运会

东京奥运会的开幕仪式热闹非凡、激动人心。就连日本首相——这个国家中地位最高的人物之一，都以视频游戏角色的装扮在众人面前亮相了。由于新冠疫情的影响，这届奥运会的举办时间推迟了一年，但它还是被人们称为 2020 年东京奥运会。

巴黎

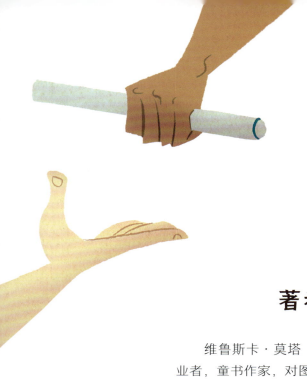

著者简介

　　维鲁斯卡·莫塔（Veruska Motta），自由职业者，童书作家，对图书、漫画、电影和电视剧都满怀热情。她也是卓越的沟通专家，曾任意大利一家出版社的公关人员。

绘者简介

卢卡·波利（Luca Poli）与意大利很多知名的儿童图书出版公司合作，进行平面设计和插图绘制。他为很多图书创作过插图，并与多个平面设计工作室合作制作动画和广告。他从不回避新的艺术风格和交流方式，并把每个项目都视为探险。在为白星儿童系列的《图说体育》绘制插画时，他也展现出自己的风格。

奥运知识问答

答案在这里

1.希腊奥林匹亚。

2.重装步兵赛跑。

3.赛跑。

4.1992年前是同一年，1994年开始以两年为间隔交叉举行。

5.三次，即2008年北京夏季奥运会、2014年南京青奥会和2022年第24届冬季奥运会。

6.1932年第10届美国洛杉矶奥运会。

7.刘长春（1909–1983），男子短跑运动员，第一个代表中国参见奥林匹克运动会的运动员。

8.跳水。

你全都答对了吗？

这一切发生在公元前680年，不过今天的我们似乎仍然可以体会到当时人们的欢乐、空气中涌动的激情、比赛前的紧张期待。一切都是如此熟悉。

每一届奥运会都充满了奇妙的、激情澎湃的故事。承诺和奉献，或好或坏的运气，无尽的梦想，在奥运会上交织碰撞，直至凝聚为终点线前的奋力一搏。

古代人为什么要举办这样的竞赛呢？

那些运动员为什么只说希腊语呢？

古代奥运会有哪些运动项目，它们与现代运动项目一样吗？

关于奥运起源的神话与历史

　　古希腊人认为，居住在奥林匹斯山上的众神主导着凡人的世界，甚至会出手干预凡人的生活，奥运会也不例外……

　　关于奥运会的起源，流传着一个古老的神话：奥运会是由古希腊英雄赫拉克勒斯（Heracles）开创的。赫拉克勒斯也被称为海格力斯（Hercules），是"众神之父"宙斯与凡间女子所生的半神。赫拉克勒斯不得不接受 12 项苦差——那可是名副其实的苦差事，他一次次与传说中的生物和怪兽鏖战，终于完成了 12 项艰巨的任务。

图书在版编目（CIP）数据

图说奥运 ／（意）维鲁斯卡·莫塔著 ；（意）卢卡·波利绘 ；李静滢译. —— 北京 ：中国友谊出版公司，2024.6

ISBN 978-7-5057-5872-8

Ⅰ．①图… Ⅱ．①维… ②卢… ③李… Ⅲ．①奥运会－少儿读物 Ⅳ．①G811.21-49

中国国家版本馆CIP数据核字(2024)第077999号

著作权合同登记号 图字：01-2024-2527

White Star Kids® è un marchio di proprietà di White Star s.r.l.
© 2021 White Star s.r.l.
Piazzale Luigi Cadorna, 6
20123 Milano, Italia
www.whitestar.it

本书中文简体版专有版权经由中华版权代理有限公司授予北京创美时代国际文化传播有限公司。

书名	图说奥运
作者	[意] 维鲁斯卡·莫塔
绘者	[意] 卢卡·波利
译者	李静滢
出版	中国友谊出版公司
发行	中国友谊出版公司
经销	新华书店
印刷	天津丰富彩艺印刷有限公司
规格	787毫米×1092毫米　16开
	5.5印张　100千字
版次	2024年6月第1版
印次	2024年6月第1次印刷
书号	ISBN 978-7-5057-5872-8
定价	68.00元
地址	北京市朝阳区西坝河南里17号楼
邮编	100028
电话	(010) 64678009

如发现图书质量问题，可联系调换。质量投诉电话：（010）59799930-601

饌®

出 品 人：许　永
出版统筹：林园林
责任编辑：许宗华
特邀编辑：李嘉木
装帧设计：李嘉木
内文制作：万　雪
印制总监：蒋　波
发行总监：田峰峥

发　　行：北京创美汇品图书有限公司
发行热线：010-59799930
投稿信箱：cmsdbj@163.com